AMOR

Jardines del corazón

AMOR

ELIZABETH CLARE PROPHET

SUMMIT UNIVERSITY PRESS ESPAÑOL™

GARDINER, MONTANA

AMOR
Título original:
LOVE
de Elizabeth Clare Prophet
Copyright © 2013 Summit Publications, Inc.
Reservados todos los derechos.

Traducción al español: Judith Mestre
Copyright © 2013 Summit Publications, Inc.
Todos los derechos reservados

Para obtener información, diríjase a Summit University Press,
63 Summit Way, Gardiner, MT 59030 (EE.UU.)
Tel: 1-800-245-5445 o 406-848-9500
Web site: www.SummitUniversityPress.com

Library of Congress Control Number 2012949945
ISBN 978-1-60988-160-3
ISBN 978-1-60988-161-0 (eBook)

Summit University 🦢 Press Español™
Summit University Press y 🦢 son marcas inscritas en el Registro de patentes
marcas de los EE.UU. y de otros países. Reservados todos los derechos.

Diseño de portada y de interior: James Bennett Design

1ª edición: mayo 2013

Impreso en los Estados Unidos de América
17 16 15 14 13   5 4 3 2 1

ÍNDICE

Cerca del jardín   *vii*

Rosas... Rosas de color rosado   1

El frescor de la primavera   25

El colibrí   45

Cada paso   69

Gotitas de rocío matutino   95

Cerca del jardín

El amor es un gran reto.

Hay que comprender las disciplinas del Amor en todos los ámbitos: el apoyo del Amor en los campos del arte, el diseño, el teatro, la arquitectura, la ingeniería y tantas otras áreas. El Amor las abarca a todas.

El Amor es rendirte a tu vocación, a tu realidad interna, a tus principios.

El Amor existe, por tanto, en muchos niveles. Hay niveles básicos de amor humano y, aparte, hay niveles de amor que todo lo trasciende, de amor autotrascendente: un amor sacrificado, un amor tan ardiente que en su presencia uno no desea otra cosa que rendirse una y otra vez a los brazos del Amor.

Si no has amado, ama diez mil veces diez mil, amando, amando y amando mientras trabajas para liberar tu vida y la vida de cada quien.

Existe el amor que nunca se da por vencido, para el que mientras hay vida hay esperanza, que seguirá a tu lado contra viento y marea. Hay un amor que es belleza, que es precisión en el diseño del cuerpo humano o de un templo, o en la luz y armonía de un cuadro.

El amor es un camino disciplinado. Toma moderadas copas de amor; sí, moderadas copas de amor, y dáselas a quienes puedan asimilar tu amor cual elixir. Has de saber que el amor es el poder de realizar cosas.

Abre tu corazón a todos.

Ámate. Ama tu alma.

Rosas... Rosas de Color Rosado

Nuestras experiencias en la vida

sirven para enseñarnos

el significado del amor.

Nuestras relaciones en la vida

sirven para enseñarnos

el significado del amor.

Todo lo que acontece

sirve para la educación

del alma y del corazón.

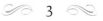

El Amor es práctico

y realista.

El Amor puede mejorar

nuestra comprensión,

nuestras amistades,

nuestros negocios.

Desafía lo que te desagrada

de ti mismo.

Reemplázalo con rosas,

con rosas de color rosado.

Cuando amas de manera auténtica,

haces las cosas con naturalidad

y libertad.

No esperas nada a cambio,

no esperas nada.

Acoges la oportunidad

de servir, de dar a otros.

Ama al prójimo

como si te estuvieras amando

a ti mismo,

porque, en realidad,

el prójimo eres tú mismo.

En él mora la misma luz

que mora en ti.

Cuando amas de verdad

tienes la capacidad

de colocarte dentro del corazón

del otro.

Te duele ver una vida lastimada,

porque amas.

Creo que la mejor definición

de amor es

«haz a los demás

lo que quieras que te hagan a ti»,

porque el amor

no hace mal a su prójimo.

Emite amor y el amor se multiplica,

reuniendo a más de su especie.

Y regresa como un ramo de rosas

a nuestro umbral.

Así, cosechamos lo que plantamos.

Cuando llegues al cielo

no serás judío, musulmán ni cristiano.

Serás un ciudadano del cielo.

Y a nadie le va a importar

lo que hiciste en la Tierra

siempre y cuando

recorrieras el sendero del amor.

A veces, tenemos que

examinar de nuevo

nuestro significado del amor

y preguntarnos: ¿de verdad es amor?

Cuando es auténtico,

el amor nos ayuda

a tomar decisiones importantes,

las decisiones correctas.

En ocasiones, el amor

se basa sólo en el deseo.

Ese amor se puede enojar

si no consigue lo que quiere.

En realidad no es amor,

solamente deseo.

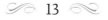

No pensemos que el amor

es un sendero fácil.

El camino del amor

a menudo es doloroso,

la elección más difícil.

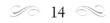

Cuando criticamos a otros

no los estamos amando.

Cuando estamos inquietos,

enojados y somos críticos,

no podemos ser amorosos

al mismo tiempo.

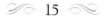

El amor es un impulso

que debe repetirse a diario.

Sucede como con los molinillos

tibetanos de oración:

tienes que mantenerlos

constantemente en movimiento,

tienes que proveer amor

constantemente.

Cuando amas de verdad,

desarrollas una mayor sensibilidad

para con las personas,

con su sufrimiento, sus necesidades.

Estás en contacto contigo

y con los demás.

Cuando aumentas tu amor cada día,

te vuelves diferente cada día.

Y si no eres diferente hoy

con respecto a lo que eras ayer,

aumenta tu amor,

da más amor.

El amor es el impulso

en el motor de la vida:

su combustible.

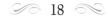

El amor es persistente

aunque muy suave.

El amor llama a la puerta cada día.

Podemos cuidar unos de otros

o mirar hacia otro lado.

Tenemos que aprender a amar

a quienes no nos aman.

Debemos aprender a amar

incluso a quienes nos menosprecian.

Hemos de aprender a activar

la gracia divina,

no a ser reactores del error humano.

Amar siempre entraña dolor,

siempre.

No hay salida al dolor.

Si vas a tener el valor de amar

y de ser amado

es el valor

de que te perforen el corazón.

Tienes que amar algo.

Ama a un niño.

Ama a un vecino.

Ama a un amigo.

Desarrolla un amor ardiente

que no sea posesivo.

Desarrolla el amor

tan solo por el puro bien

de dejar que el amor fluya.

Da a todos

la abundancia del amor de tu corazón.

Sabe que el amor que das

nunca se pierde, nunca es en vano,

no importa cuál sea la reacción.

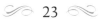

Tan solo sal

a derramar tu amor

como el Sol derrama sus rayos,

sin pensar en lo que

le vendrá de vuelta.

EL FRESCOR DE LA PRIMAVERA

El amor

abre el corazón de las flores.

El amor es como la fragancia

de una rosa, los pétalos de una flor.

Es una preciada esencia.

Es como despertarse por la mañana

y sentir la frescura de la primavera

al igual que un niño

al que nada le preocupa.

Y los pájaros cantaban,

el cielo estaba azul

y las nubes, mullidas.

Todo lo que tenías que hacer

era preocuparte de la hierba y las flores,

de la primavera y de jugar.

El amor se caracteriza

por su sensibilidad y suavidad,

pero puede ser tan potente

que cree un cosmos entero.

Así, hay que templar

el amor en nuestro corazón,

en nuestros actos del día

y en lo que damos

todos los días a la vida.

Si no tienes suficiente amor

y quieres tener más,

puedes aumentar tu capacidad

de ser más amoroso.

Puedes idear

más cosas para hacer

y para dar a las personas.

Aprende a dar amor

con un toque personal.

Es un gesto maravilloso.

Es algo parecido

a cuando tenías cinco años

y llevabas a tu madre o a tu padre

un ramo de flores

que tú recogías.

La mejor manera de sanar las heridas,

la mejor forma de ocuparte

de ti y de los demás

es consagrando tu corazón

a dar amor.

La valentía es señal

de un corazón adulto.

El corazón no teme a nada

ya que el amor reside en él.

Hay una diferencia

entre el amor humano y el divino.

El amor humano está

condicionado por la respuesta,

pero el divino no está condicionado.

Es como el Sol, que siempre brilla.

Para desarrollar amor

tienes que dar amor.

Has de bombear.

Mira a tu alrededor

y fíjate en quién necesita amor:

sal y ámalo.

Asume riesgos heroicos

para amar más.

Ponte manos a la obra

y trabaja mucho,

sirve mucho, suda mucho,

ejecuta mucho, piensa mucho;

y harás que tu vida se intensifique.

En esa espiral intensificada

descubrirás

qué está ocurriendo

en tu vida.

Descubrirás

cuándo no hay amor

y por qué.

Si tienes tendencia

a negar el amor

a ti y a otros,

ve en busca de aquéllos

que necesitan tu amor,

aunque te sientas torpe

o incómodo al principio.

Amor y victoria

son la misma palabra.

Cuando obtienes derrota y fracaso,

sabes que el ingrediente que falta

es el amor.

Ama mejor,

ama más tiempo,

ama más lejos.

Ama con más paciencia,

ama con más humildad,

ama con más desinterés.

Todos sabemos que amamos.

Tenemos que reflexionar

sobre cuánto más

somos capaces de amar.

Y la respuesta siempre será

mucho, mucho más.

Lo que libera es el amor.

Si quieres liberarte

de alguien a quien odias

debes amar.

No puedes obligar a nadie

a que le gustes o le caigas bien.

No puedes obligar a nadie a

que te ame.

Pero puedes hacer que te guste a ti.

Puedes amar a las personas.

Puedes darles todo tu corazón.

No tienes que temer

sufrir algún dolor por dar amor.

Deja que el amor que derrames

sea una cascada tan potente

que nada pueda subir por ella,

nada pueda afectarte.

Y si has de padecer

alguna herida o dolor

por haber dado amor,

por causa de algún enemigo

que te ha transformado

o desgarrado la vida,

deja que así sea.

El amor que pasa

a través de ti

puede sanarte.

EL COLIBRÍ

El karma nos enseña

a amar, a amar

y a amar;

como ningún otro método

puede hacer o hace.

Tan cerca

susurra tu corazón...

Como el diminuto pájaro del ser

tu tembloroso latido

se estremece cual colibrí

suspendido en la presencia

de Dios.

El amor es la quietud del verano,

las hojas verdes de los árboles,

las hierbas movidas por la brisa,

el murmullo de una alondra,

el gorjeo de los pájaros,

el latido de un colibrí.

El amor es un consuelo,

un acto de ternura,

un susurro de esperanza.

En realidad,

no podemos tener

o conocer el amor

a menos que seamos activos

en la práctica del amor.

La fórmula más rápida del amor:

Da continuamente amor

con gestos insignificantes

o relevantes

y piérdete en el proceso

de entregarte a los demás.

Dedica un tiempo a pensar

en lo que amas más:

a un niño, a un ser amado,

a un amigo, a los ángeles.

Piensa en aquéllos a quienes amas

con un amor grande y profundo.

Envía amor,

sé amor

e incluso canta amor.

El amor hace que la puerta

se abra de par en par.

Es importante

hacerse la pregunta:

«¿soy portador

de la copa de amor?»

¡La maestría se puede alcanzar

todos los días!

No es algo que consigues

al final de la vida.

No es una quimera.

Está aquí y ahora.

Puedes obtener el amor perfecto

ahora mismo.

Dices que amas,

pero ¿qué capacidad tienes de amar?

¿Es tan grande como una taza de té

o es como un dedal?

¿Es una copa que se expande,

una conciencia en expansión,

tan profunda como el océano

y tan alta como el cielo?

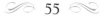

La victoria definitiva

del amor

es incontestable, absoluta.

Un aspecto

que tenemos que desarrollar

es el valor y el amor

de ser quienes realmente somos

y el valor y el amor

de hacer lo que nuestro verdadero yo

quiere de verdad que hagamos.

Date amor a ti mismo.

Deja de condenarte.

Deja de juzgarte.

Deja de criticarte.

Date cuenta de que criticarte

es un asunto muy peligroso.

Si no te amas a ti mismo,

nunca podrás amar a otra persona

y satisfacerla

ni te satisfarás a ti mismo.

Si quieres conseguir el respeto mutuo,

tienes que respetarte a ti mismo.

Vivimos en la parte interna de la vida,

no en la externa.

Si lo de dentro es puro,

lo de afuera es igual.

La pureza y el amor

son cualidades internas de la vida,

no sólo externas.

Hay que personalizar

en nuestra vida

una virtud como el amor.

Cuando el amor se personaliza,

empezamos a

experimentarlo de verdad

y a entenderlo.

Si observas a los niños con atención,

te darás cuenta de que

se comunican con naturalidad

desde su corazón.

La espontaneidad de los niños

nos enseña a amar,

nos inspira a amar.

Su amor es simple y tierno.

Empieza a derretir a la gente

con tu amor.

Da a las personas tu amor

y aunque no te correspondan,

no te preocupes.

La falta de amor

hace que las personas

pierdan su sentido de identidad,

su sensación de tener una razón de ser,

su sentido de unidad, de alegría,

de lo que la vida significa.

Trata de sacar el amor

de tu corazón

y dárselo a la gente.

La mano que

mece la cuna

sigue siendo la mano

que gobierna el mundo,

porque es la mano del amor.

Las ocupaciones de una madre

que cuida de su familia,

que lava y limpia

y cocina la cena:

eso es amor en acción

todo el día.

Si odias a alguien,

te odias a ti mismo.

¿No sería mejor amarte a ti mismo

y amar a los demás?

CADA PASO

La señal de los que aman mucho

es permanecer en movimiento.

Cuando tienes mucho amor

lo pones en práctica.

Estás constantemente en movimiento,

dando constantemente amor.

Y estás en paz por dentro.

Haz que cada paso

en el sendero de la vida

sea una decisión más significativa

y amorosa.

Así es como el amor

se torna una espiral

que te empuja

cada vez más hacia arriba.

Cuando amas lo suficiente

llegas a un lugar

en el que eres

como el Sol que brilla

sobre los justos y los injustos.

Unos recibirán

y otros no.

Y tú tan solo seguirás

derramando tu amor.

Tu corazón

es ciertamente

un instrumento certero,

sobre todo si vas a hacerle caso.

Te dirá lo que de verdad

es correcto para ti,

lo que de verdad quieres hacer,

lo que de verdad amas.

Lo único que

puede ayudarte a pasar

las pruebas más difíciles

es el amor.

Date cuenta de que hay algo

o alguien en esa situación

que se supone

debes aprender a amar.

Examina tu corazón.

A veces las personas tienen

la idea de que el corazón

siempre es perfecto.

El corazón necesita perfeccionarse.

No debemos presuponer

que nuestro corazón es perfecto.

Ejercita el corazón.

Da tu amor

a la tarea

que tienes frente a ti.

Hay que comprender

el apoyo del amor

en los campos del arte, el diseño,

el teatro, la arquitectura,

la ingeniería

y tantas otras áreas.

El amor los abarca a todos.

Porque el elemento del amor

es el pegamento que mantiene

las cosas unidas.

Ámate.

Ama tu alma.

No permitas cismas

ni divisiones internas.

El amor todo lo vencerá.

Pero el elemento tiempo

está en nuestras manos.

¿Entiendes que la mayor lección

que tu alma puede aprender

es que el amor lo es todo

y que el amor es la meta?

Cada día puedes amar más.

Y si no puedes hacerlo,

pregúntate:

«¿Qué me impide amar hoy?»

El fervor del amor

en cada célula

derrite el miedo

y produce una acción química

muy parecida a la evaporación.

El miedo sale de ti

cuando el amor lo desarma.

Con el amor

todas las cosas se realizarán

y todos tus proyectos

se dispondrán como se planificó.

El amor es el cemento

y la curación,

y traerá la solución infinita

a tu puerta.

El amor

es el gran imán

que atrae a ti

la paz

que sobrepasa el entendimiento.

No importa a quien amas

o lo que amas:

el amor de tu corazón

siempre regresa

al corazón de lo divino.

El amor se ejercita,

como tocar el piano.

Tienes que hacer

tus ejercicios de amor cada día.

Debes practicar el amor,

poner en práctica dar, recibir

y practicar la realización

de actos de amor.

El amor está exento

de crítica y condenación

del amigo,

del marido o la mujer,

del hijo,

o incluso de tu jefe.

El amor es perdón.

Una cosa es

albergar en la mente

una idea del amor,

pensar en el amor

y aceptar el amor

cuando todo va bien.

Sin embargo, debes aprender

a magnetizar el amor

al que nada puede afectar

pase lo que pase.

La ley de la vida

implica crecimiento,

trascenderse uno mismo.

Tienes que crecer.

Has de tener más amor.

Trata de tomarte

un año sabático

con respecto a las demás formas

de enfocar

los complicados problemas de la vida,

e intenta abordar

con más amor

todo lo que te acose.

Conviértelo en un amor tan grande

que columnas de fuego y

muros de amor te rodeen.

Envuélvete tanto en el amor

que todo cuanto llegue

a tu presencia

deba transformarse

por ese océano de amor

o disolverse.

Te voy a contar la clave.

Es la cantidad de amor

que inyectas a lo que haces.

Ese amor es

el gran

factor multiplicador.

El amor verdadero

no es egoísta.

Es amar por amar.

GOTITAS DE ROCÍO MATUTINO

El rayo del amor desciende

formando gotitas de rocío matutino.

El rayo del amor desciende

cual relámpago de fuego rubí.

A veces nos da vergüenza

dar amor a otros,

pero debemos aprender a amarnos

unos a otros

con espíritu fraternal.

Deja que el amor

sea tu única reacción

a cualquier cosa que te hagan,

o te den,

no importa el daño,

no importan los latigazos.

Sea lo que sea,

deja que el corazón derrame amor.

Que tu amor sea puro

y entregado:

dando de tu cáliz

pero sin vaciarte en el proceso,

vaciando la copa

para que pueda llenarse otra vez

mas sin agotar

tus reservas.

Sin duda el amor es la clave.

Abre nuevos horizontes.

Y, sin embargo, qué fácil es olvidar,

sumirse de nuevo

en los viejos patrones.

Acuérdate de permanecer

en la presencia del amor.

Mantén el corazón abierto.

Si viertes amor suficiente

por tu corazón,

no puede cerrarse.

El coraje es

el desarrollo del amor

y la sabiduría del corazón,

que nos envalentonan para que

actuemos de forma correcta,

honrosa y necesaria,

incluso si es a costa

de un acto temporalmente incómodo.

Si quieres medirte

en el sendero espiritual,

observa la capacidad de tu corazón

de amar a otros,

la capacidad de tu corazón

de ser compasivo

y misericordioso,

de entender con profundidad

las cargas ajenas.

Si sientes que no estás

llevando a cabo

el destino de tu alma,

la razón puede ser muy simple:

no hay suficiente amor.

No estás generando

suficiente amor

con tu corazón.

El amor actúa como un manantial

en tu corazón.

Crece y fluye.

Nunca se puede detener.

No es prerrogativa nuestra

juzgar a nuestros semejantes

sino amarlos.

Da una copa tras otra

de elixir del amor

a todos quienes deseen recibir tu amor.

Sigue con esta tarea

hasta que sientas la fortaleza del amor

en tu corazón.

Los momentos importantes

son aquéllos en los que

no sientes amor.

Es entonces una buena idea

tener algo que te recuerde

cómo volver a tu corazón.

Puedes amarte a ti mismo

con una alimentación correcta,

un sueño correcto,

un ejercicio correcto

y una actitud correcta.

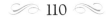

Recomiendo

un sendero de servicio

a aquéllos que necesiten

desarrollar su amor.

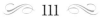

Los requisitos de la Vida son

amar, amar y amar;

y seguir amando

independientemente

de las circunstancias

o la persona

o la energía negativa.

La amistad o

el amor requieren alimento,

así como riegas

una planta cada día.

Lo mismo vale para

nuestro lazo de amor con Dios.

Tienes que dedicarte a él

igual que haces

con tus conocidos.

Visualiza un río de amor

manando de tu corazón.

Va hacia cualquiera

con quien estés hablando,

cualquiera que esté cerca de ti.

Lo sumerge

y consume toda energía

opuesta al amor

que pueda esconderse dentro de él.

No tengas miedo de amar;

de amar y amar más.

¿Tienes el valor de amar

y de ser amado?

Que tu corazón florezca

y ame a quienquiera que te encuentres,

y da ese amor perpetuamente.

Es fundamental

para tener una vida victoriosa.

Es fundamental

en la vida de todos.

Nunca temamos

abrir la puerta al amor

y luego resultar heridos.

Está bien ser herido.

Tus heridas se curarán

y serás una persona

más fuerte

para la Victoria del Amor

en tu corazón.

SUMMIT UNIVERSITY 🕯 PRESS ESPAÑOL™
Jardines del corazón

Amor	*Compasión*
Esperanza	*Gratitud*
Bondad	*Perdón*
Paz	*Alegría*

SUMMIT UNIVERSITY 🕯 PRESS®
Gardens of the Heart Series

Love	*Compassion*
Hope	*Gratitude*
Kindness	*Forgiveness*
Peace	*Joy*

For other titles by
Elizabeth Clare Prophet,
please visit

www.SummitUniversityPress.com